VRINX Easy Guides

... mitten ins Thema / komprimiert geschrieben / locker einpräg-
sam / zuverlässig erfolgreich / lebensnah notiert / unkompliziert
verständlich / ernsthaft geprüft / entspannt zu lesen / spielend
einfach / authentisch erfahren ...

Schon heute beginnen und sicher Ihr Ziel erreichen!

Im Zentrum: Wie Sie mit drei Schritten sicher in den Schlaf
kommen!

Entspanntes Training: Wie Sie entspannt und angenehm einschlafen lernen.

Komprimiert: Was Sie beim Einschlafen stört.

Recherche: Wie Kopf und Bauch Sie blockieren und was Sie
dagegen unternehmen können!

Im Körper gespeichert: Welche biologischen Wege in den erholsamen Schlaf führen !

Klare Fakten: Was ist „Schlafen"?

Wie entsteht Schlaf?

Wie läuft ein Nachtschlaf ab?

Psychologie: Welche Schlaftypen gibt es?

Raum und Zeit: Was kann ich noch für guten Schlaf tun?

Quälend: schlechter Schlaf über längere Zeit?

Zukunft: Verändert sich der Schlaf mit zunehmendem Alter?

(Un-)Bewusstseinsforschung: Was bedeuten Träume und
kann ich im Schlaf lernen?

Praxis: Kann ich vorschlafen oder Schlaf nachholen?

Unter Einfluss: Was bewirken Alkohol, Nikotin und
Medikamente?

Günter Frings

ENDLICH IMMER GUT EINSCHLAFEN!

mühelos – wohltuend - fit

VRINX Easy Guide

Impressum

1. Auflage 2010

Copyright 2010 © by Ritualis Hamburg
Herstellung und Verlag: Books on Demand, Norderstedt
Umschlaggestaltung: BOD
Illustration: Barbara Gutjahr, Hamburg
ISBN: 9783839151747
Printed in Germany

Bibliografische Information der Deutschen Nationalbibliothek
Die Deutsche Nationalbibliothek verzeichnet diese Publikation in der Deutschen
Nationalbibliografie; detaillierte bibliografische Daten sind im Internet über
http://dnb.d-nb.de abrufbar.

Für die fürsorgliche Durchsicht des Manuskriptes und vielseitige Anregungen danke ich Martina Gehrdau und Prof. Horst-Joachim Rahn.

Wichtiger Hinweis:
Sämtliche Texte, speziell alle Ratschläge und insbesondere alle Texte im Zusammenhang mit medizinischen Inhalten - speziell Krankheiten - sind von Autor und Hrsg. sorgfältig erwogen und geprüft. Sie bieten jedoch keinen Ersatz für kompetenten medizinischen Rat. Soweit Krankheiten und Krankheitssymptome im vorliegenden Text abgehandelt werden, muss die medizinische - speziell medikamentöse - Behandlung in jedem Fall mit dem behandelnden Arzt besprochen und abgestimmt werden. Jeder Leser ist für sein eigenes Handeln selbst verantwortlich. Alle Angaben in diesem Buch erfolgen daher ohne jegliche Gewährleistung oder Garantie seitens des Herausgebers oder des Autors. Eine Haftung des Autors beziehungsweise des Herausgebers und seiner Beauftragten für Personen-, Sach und Vermögensschäden ist ausgeschlossen.

www.vrinx.de

Für Rita

Inhaltsverzeichnis

1 Regeln und Gebrauchsanweisung

Wer als Leser etwas unbedingt wissen will, mag sich nicht lange mit Vorworten und allgemeiner Einführung aufhalten. Beginnen wir deshalb sogleich mit den Regeln und der Folge praktischer Schritte, die Ihnen helfen sollen, mit fast hundertprozentiger Wahrscheinlichkeit endlich jeden Abend gut einzuschlafen.

In den Büchern über die Bedeutung unseres Schlafens, die neurobiologischen Vorgänge und ihre Störungen befinden sich oft auch Empfehlungen und Tipps in lockerer Sammlung, die vor allem die äußeren und inneren Bedingungen eines guten Schlafes beschreiben.

Die meisten Menschen haben ihre ganz eigenen Voraussetzungen für ihren guten Schlaf erfahren und erlernt und hängen mehr oder minder fest an diesen Bedingungen, ohne die sie oft keinen erholsamen Schlaf finden. Es sind fast immer äußere und innere Voraussetzungen, die jeder von uns wie selbstverständlich und völlig zu Recht einfordert.

Verwundert beneiden wir all jene, die uns glaubhaft versichern, dass sie immer, überall, zu jeder Tageszeit und in jeder (Körper-) Lage sofort einschlafen können. Gelegentlich beweisen sie uns dann tatsächlich, dass sie auf der Strandliege - umgeben von nervend plärrenden Radios und laut spielenden Kindern - einschlafen können oder in dem stickigen Hotelzimmer - in das der unaufhörliche Lärm einer lauten Straße eindringt - schon lange entspannt atmend einschlafen, während wir schlaflos wachliegend für uns einen Katalog von Forderungen und Maßnahmen zusammenstellen, die uns endlich ermöglichen sollen, den ersehnten Schlaf zu finden.

Schlafzustand unseres Bewusstseins

Der **Schlafzustand(1)** unseres Bewusstseins wird von der Neurobiologie als eine der drei Zustandsformen unserer Person - unseres „Ich"s – aufgefasst: er steht neben dem **fühlenden und entscheidenden „Ich"(2)** und dem „Ich", das **unsere Sinneserfahrungen aus Nervensystem und Körper (3)** verarbeitet.

In unserem „Ich" wechseln sich diese **drei Bewusstseinszustände** jeweils ab, einer hat immer die Oberhand und dominiert, ohne die anderen beiden jeweils ganz abzuschalten oder zu unterdrücken.

Die verschiedenen **„Tiefen" des Schlafes** werden von den Neurobiologen heute als eine sehr „wache" Bewusstseinslage gesehen, in der wir eben nur ganz oberflächlich den Kontakt zu unserem Wachbewusstsein verlieren, aber keineswegs unsere Persönlichkeit abschalten.

Keine dieser drei Bewusstseinslagen

- **entscheidendes/handelndes Bewußtsein,**
- **sinnlich wahrnehmendes/koordinierendes Bewußtsein und**
- **Schlafbewusstsein**

werden je abgeschaltet, sondern sind für uns im Nicht-Bewusstsein des Schlafes (siehe unten) einfach nicht mehr wahrzunehmen. Die beiden wachen Zustände des Bewusstseins arbeiten weiter, fast genauso intensiv wie am Tag.

Wie solche ganz unvermittelt „abschaltenden" Mitmenschen den Schlaf sofort finden und offenbar gar nicht wie wir suchen müssen – das kann vielleicht auch uns leiten.

Drei Schritte in den Schlaf

1. Entspannte Lage

Offenbar kümmern sich gerade diese leicht wegschlafenden Menschen wenig um die inneren und äußeren Voraussetzungen für ihren Schlaf.

Auch wir sollten uns daher nicht allzu lange mit den guten oder keinesfalls zu vernachlässigenden Bedingungen unseres Einschlafens aufhalten (die wir später in den mittleren beiden Kapiteln betrachten):
Eine gute Unterlage und ein passendes Kopfkissen, auf die wir uns „betten", unsere ganz persönlich ausgesuchte Decke, ein nicht zu warmer Raum und das einen Spalt offene Fenster (wo immer möglich):

Regel 1

Arme und Beine dürfen sich zum Einschlafen nicht berühren oder aufeinanderliegen.

Sie haben vielleicht eine oder zwei Lieblingspositionen für das Einschlafen. Nutzen Sie diese Geborgenheit, wenn Sie einschlafen wollen, aber achten Sie darauf, dass Arme und Beine sich nirgendwo berühren oder aufeinanderliegen (wenn nötig, kann auch ein Kissen oder die Decke dazwischenliegen). An dieser Stelle werden Spannungen auftreten, die Sie nicht abbauen können und die Sie beim Einschlafen hindern.

Die meisten Menschen strecken sich am liebsten auf die Seite aus, in die „Fechterstellung", bei der Arme und Beine gebeugt vor dem Körper liegen. Andere liegen am liebsten auf dem Rücken, auf dem Bauch schlafen meist nur Jüngere. Wenn Sie nur die eine erste Regel befolgen - dass Arme und Beine nicht übereinanderliegen oder sich berühren – können Sie jede entspannte Lage wählen.

2. Vergnügen am „Loslassen"

Diesen zweiten Schritt werden Sie eine Weile lernen müssen, aber Sie werden es sicher schaffen und das Vergnügen am „Loslassen" wird zu Ihrem Erfolg beitragen:

Regel 2

Mit Händen und Füßen beginnend muskuläre Spannungen („Festhalten") aufspüren und lösen, bis diese Muskelgruppe ganz entspannt ist und Ihr Körper an dieser Stelle schwer auf der Unterlage ruht.

Spüren Sie zuerst der Lage Ihres gesamten Körpers nach, der größten Spannung, die Ihre Muskeln noch aufrechterhalten:

13

Liegen die Beine oder Arme irgendwo aufeinander oder berühren sie sich?

Möchten Sie ein Bein noch mehr ausstrecken, das andere vielleicht noch mehr beugen, einen Arm etwas mehr vom Körper abwinkeln, den anderen im Ellenbogen vielleicht mehr einbeugen? Zunächst werden Sie sich der Lage von Armen und Beinen zu Rumpf und Kopf bewusst, dann spüren Sie an Armen und Beinen von körperfern (Finger und Zehen) durch alle Gliedmaßenteile bis zur körpernahen Schulter oder dem Becken nach – vom Kleinen zum Großen.

Eine Spannung zu lösen ist ein sehr angenehmes Wohlgefühl!

Sie spüren, dass Sie Ihr *Becken* noch festhalten und lieber etwas mehr nach hinten oder nach vorne drehen, bis es von sich aus ohne Tendenz nach vorne oder hinten zu kippen aufliegt. Sie möchten vielleicht Ihre *Schultern* etwas mehr zur Seite „grätschen", da die unten liegende Schulter gedrückt wird und die oben liegende gehalten werden muss, um nicht nach vorne zu fallen.

Bewegen Sie die Schultern stückweise so lange, bis der Druck aus der einen Schulter weicht und die andere Schulter so entspannt liegt, dass der Arm nicht mehr aktiv gehalten werden muss. Manchmal müssen Sie den Brustkorb etwas weiter nach hinten oder nach vorne schieben oder zur Seite drehen, damit die Schultern sich endlich entspannt ausstrecken.

Beobachten Sie jetzt die *Lage* Ihrer *Füße* – die Muskel- und Sehnenspannungen sind hier schon diskreter. Sie „fühlen" jetzt mit dem größten Sinnesorgan Ihres Körpers: dem **nocirezeptiven Sinn**.

Impulse besänftigen!

Nur etwa 40 % unserer Muskulatur dienen der aktiven Bewegung, die restlichen Anteile dienen dem Stoffwechsel und der Energiegewinnung und einer Unzahl von kleinen Sinnesorganen in den Muskelfasern, Muskelbäuchen, den Hüllen der Muskeln und den Sehnen. 24 Stunden am Tag leiten sie die Stellung und Lage unseres Körpers, unseres Kopfes und unserer Gliedmaßen an das Gehirn weiter.

Sechsmal mehr Nervenfasern leiten die „Informationen" aus unserem Muskel- und Skelettsystem und aus dem großen „unwillkürlichen" Nervensystem unseres Bauch- und Brustraums an das Gehirn nach oben als sie vom Gehirn nach unten empfangen und dadurch „dirigiert" werden.

Alle diese **neuromuskulären Impulse** müssen wir beruhigen, bevor unser Wachbewusstsein vom Schlafbewusstsein abgelöst wird. Denn neurobiologische Forschungen belegen, dass sich Bewusstsein und Ich-Identität – alles was unsere Persönlichkeit ausmacht – interessanterweise nur durch die Entwicklung unseres Lage- und Stellungssinnes entwickeln konnten; ohne dieses Bewusstsein gäbe es keine Erfahrung unserer körperlichen Ausdehnung und keine Identität.

In der Entwicklungsgeschichte zu seinem aktuellen Wesen musste der Mensch erst einmal seine Stellung und Lage in dieser Welt und zu Ihren Gegenständen erfahren, ehe er eine eigenständige Persönlichkeit ausbilden konnte!

Spüren Sie, ob die *Zehen* noch etwas mehr gestreckt oder gebeugt werden müssen, der Fuß im *Knöchel* etwas mehr gedehnt oder gebeugt werden muss, um sich wohlig entspannt zu fühlen. Probieren Sie kleinste Lageveränderungen, auch Drehungen des

Fußes, bis er sich ganz schwer und auf der Bettunterlage „in sich ruhend" anfühlt.

Dann gleichen Sie Spannungen im *Kniegelenk* durch Strecken oder Beugen, Nach-Innen- oder Nach-Außen-Drehen des Beines in der Hüfte aus, solange bis Sie es ganz loslassen können. D.h. solange bis weder Zehen noch Knöchel, Knie oder andere Gewichte Ihres Beines die geringste Neigung verspüren lassen, zur einen oder anderen Seite zu fallen.

Nehmen Sie sich die *Beine einzeln* vor:
Auch wenn Sie glauben, im Fuß schon entspannt zu liegen, können Sie ihn mit dem ganzen Bein noch bewegen, bis Sie ein wohltuendes Nachlassen der Spannung in Muskeln und Gelenken wahrnehmen. Keine Angst: Der schon entspannte Fuß wird auch in der neuen Lage gleich wieder entspannt liegen.

Wenn nicht, ändern Sie seine Stellung in kleinen Bewegungen solange, bis das Maß der jetzt bewegungslosen Schwere Ihres Beines sich noch angenehmer als vorher anfühlt. Die Zunahme der Muskel-, Sehnen- und Gelenkentspannung fühlt sich immer gelöster und wohliger an – genau das ist ein wesentlicher Teil der drei Schritte zum guten Einschlafen.

Danach erspüren Sie die Lage und muskuläre Anspannung in Ihren *Händen*, in den *Handflächen*, dem *Handgelenk*, den *Fingern* und *Fingergelenken*. Ihre Hände gehören neben Ihren Augen und Ihrem Mund zu den „willkürlich" aktivsten Körperbereichen. Vielleicht fällt es Ihnen gerade deshalb anfangs schwer, Unterarme, Hände und Finger wirklich loszulassen.

Gerade für die Finger ist eine wirklich entspannte Lage schwer zu bestimmen: Nahezu in jeder Stellung sind immer irgendwelche

Muskeln, die Ihre Fingerglieder in gegensätzliche Richtung bewegen, angespannt.

Wenn Sie die Hand ausstrecken, sind die Muskeln an der Rückseite eher angespannt; wenn Sie die Finger anbeugen, halten die Muskeln Ihre Handinnenseite an ihrer Innenseite fest. Mit etwas Probieren werden Sie Handfläche und Finger so strecken, spreizen oder beugen, bis es sich einfach gut anfühlt und die Hand auch nicht mehr zur Seite zu fallen droht, wenn Sie loslassen.

Zwischendurch werden Sie sich vielleicht wieder Ihrer Schultern, Ihres Brustkorbes, des Beckens oder der Beine bewusst und verändern noch einmal ein wenig die Lage, bis sie „losgelöst" schwer aufliegen, ohne dass sie zur Seite zu fallen drohen. Es ist das Ziel des zweiten Schrittes: Das „fallfreie Liegen", wie es eine Krankengymnastin nannte, nachdem ich ihr diese Methode zum guten Einschlafen beschrieben hatte.

3. „Fallfreies Liegen":

„Fallfreies Liegen": Ein höchst wohlig-angenehmes, spannungsfreies Aufliegen aller unserer Körperteile auf dem Bett und dem Kopfkissen. Den Kopf bringen wir meist schon in die richtige Lage, bevor wir den Körper richtig hinlegen; jetzt sollten wir aber noch einmal spüren, ob der Kopf ohne „angestrengte" Spannung liegt. D.h. nicht zu sehr im Hals gestreckt oder gebeugt, Ohr oder Wange gedrückt und auch die Muskeln des immerzu aktiven Mundes entspannt zur Seite und nach unten sinken.

Wieder erspüren wir, wie schwer Arme und Beine, Hüfte, Brustkorb, Schultern und Kopf aufliegen, ohne dass sie zur einen oder anderen Seite fallen:

Regel 3

Der Übergang in das Schlafbewusstsein („Einschlafen") erfolgt, wenn sich in „fallfreier Lage des Körpers" der Blick von innen auf die geschlossenen Augenlider richtet.

Während wir den Körper auf Verspannungen der Muskeln, Sehnen oder Gelenke beobachten, wandert unser Blick auch von innen auf die geschlossenen Augenlider und entspannt sich in das was er sieht: grauschwarzes, leicht „funkelndes" Licht vielleicht mit hellerem oder farbigem Flackern. In diesem Zustand ist ein Maß des Loslassens und Entspannens erreicht, von dem aus das Schlafbewusstsein uns ganz einnehmen kann.

Vielleicht konzentriert sich der Blick anfangs nur einen kurzen Moment, Sie können ihn nicht erzwingen, aber Sie werden immer wieder darauf hin zurückkehren, weil Ihre Aufmerksamkeit die wohltuende Entspannung des inneren Schauens auf die geschlossenen Augenlider sucht.

Dann können Sie die Gedanken ruhig frei fließen lassen, ohne abgelenkt zu werden. Nur wenn die Gedanken in die Grübelschluchten des Alltags hinein galoppieren, sollten Sie Ihren inneren Blick wieder auf Ihre Muskeln und Gelenke richten und noch verbliebene Spannungen loslassen. Immer wieder kehren Sie zu dem gelöst schweifenden Blick auf das Innere Ihrer Augenlider zurück, bis Sie endlich eingeschlafen sind, ohne sich dessen bewusst geworden zu sein.

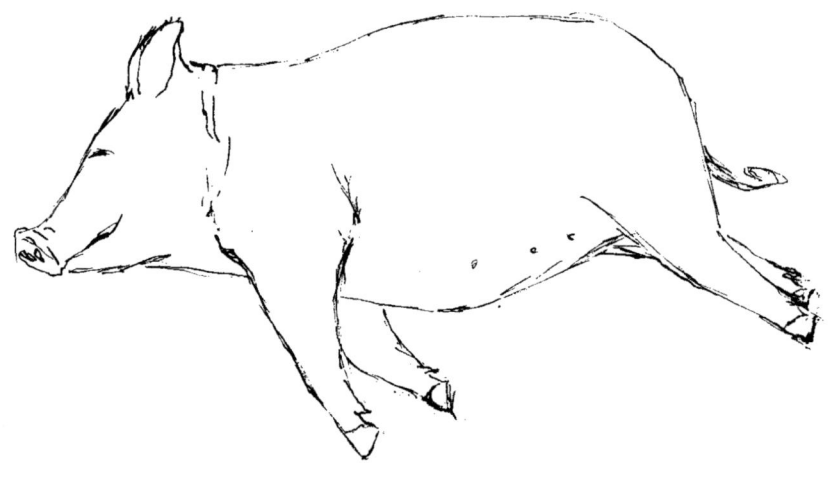

2 Innere und äußere Voraussetzungen für gutes Einschlafen

Äußerliche Bedingungen

Die äußeren Voraussetzungen für gutes Einschlafen werden meist überschätzt. Auf Nachfrage hin fordern die meisten von uns schon den gut gelüfteten Schlafraum, der nicht zu warm, aber auch nicht zu kalt sein darf und ihr ganz spezielles Bett, dessen Typ und Qualität sie intensiv mit viel Zeit und Liebe ausgesucht haben. Auch bestimmte Zeiten, zu denen sie besonders gut einschlafen und all die Rituale, die ihnen dabei helfen sollen und an denen sie sehr hängen.

Viele berichten aber auch, dass sie ausgerechnet unter schlechtesten Voraussetzungen einem ungemütlichen Hotel auf einer harten Matratze und in einer muffigen Einrichtung dennoch rasch und ohne Komplikationen eingeschlafen seien. Die meisten Menschen überschätzen daher die „Umwelt"-Bedingungen für einen guten Schlaf. Entscheidender sind nämlich die inneren Voraussetzungen für uns.

Innerliche Bedingungen

Auch die inneren Voraussetzungen für ihr gutes Einschlafen können viele Befragte benennen: Nicht zu spät und zu viel essen, ab dem späten Nachmittag schon keinen Tee oder Kaffee mehr trinken. Andere wiederum schlafen nach Kaffee am Abend oder sogar in der Nacht wie ein Murmeltier, vorausgesetzt, sie haben

maximal eine Viertelstunde „nach dem Kaffee" ihre Ruhe, wie Studien zeigten.
Viele ganz persönliche Umstände für das Einschlafen erscheinen uns paradox: so bekommen ältere Menschen oft ausgerechnet Koffeintabletten zum Einschlafen, wenn nichts anderes mehr hilft.

Auch der *„Schlummertrunk"* hat für viele eine nahezu magische Wirkung auf ein gutes Einschlafen, obwohl sie sich der negativen Auswirkungen dieses „Schlafmittels" durchaus bewusst sind: schwerer, traumloser, nicht erquickender Schlaf, morgendliche Abgeschlagenheit oder Restmüdigkeit. Von den negativen Wirkungen auf die Pfunde, die sich so langsam um die Hüften ringeln, ganz zu schweigen.

Manche lösen mit **Alkohol** vermeintlich ihre Anspannung und den Stress des Tages, andere liegen besonders nach Weißwein und Rotwein noch lange wach, wenn ihre alkoholbetäubten Freunde längst bettschwer weggenickt sind: mit Herzrasen, Kopfschmerzen und unruhigen Verspannungen in Armen und Beinen, die sie willentlich nicht entspannen können.

Die sehr leiblichen, den **Stoffwechsel** betreffenden Unterschiede zwischen diesen beiden Gruppen lassen sich heute zumindest erahnen (siehe Kapitel Körper): Histamine und andere sogenannte biogene Amine (Serotonin, Bradykinin und andere), die auch in Räucherwaren, Schinken, Würsten und Käse vorkommen, werden im Blutkreislauf dieser Menschen nicht hinreichend abgebaut, weil ihnen das Enzym Desaminooxidase (DAO) fehlt.

Diese biogenen Amine feiern einen lebhaften, oft von Herzklopfen oder Herzrasen begleiteten Rausch im Blutkreislauf, den Ihr Bewusstsein absolut nicht zur Ruhe bringen kann. Empfindliche Menschen reagieren sogar mit Erbrechen und Kreislaufschwäche; glücklicherweise kann man diese Symptomatik heute durch rechtzeitige Einnahme von Desaminooxidasehemmer (DAO-Inhibitoren) deutlich vermindern (siehe Kapitel Körper).

Diese **subjektiv gesammelten Bedingungen** erfahren fast alle Menschen im Laufe der Jahre als Regeln mit vielen Ausnahmen. Deshalb sollten auch Sie ihre frischen und lange festzementierten Glaubenssätze nicht überbewerten: Sie erinnern sich oft erstaunt, gut eingeschlummert zu sein, obwohl die Bedingungen dafür überhaupt nicht günstig waren.

Körperliche Anstrengungen, wie zum Beispiel Sport, auch Sauna können ebenfalls beim Einschlafen hindern, da sich der Körper durch die erhebliche körperliche Anstrengung nicht genug entspannen kann.

Medikamente können eine weitere Ursache von gestörtem Einschlafen sein, nicht nur durch höheren Blutdruck und Herzrasen, auch Unwohlsein, Schwindel, Übelkeit und Magenunverträglichkeit hindern unseren Schlaf nach bestimmten Medikamenten. Sie sollten versuchen, alle diese Punkte gemeinsam mit Ihrem Arzt zu besprechen und abzustellen.

Genießen Sie das entspannende „Loslassen" und vertrauen Sie sich den drei Schritten für ein gutes Einschlafen an!

Der Kopf

Als *Schlaflosigkeit* bezeichnen wir das Unvermögen des Menschen, einzuschlafen bzw. durchzuschlafen. Wer damit Probleme hat, muss mögliche Ursachen suchen.

Neuropsychologische Ursachen können eine beträchtliche Schlaflosigkeit bewirken: Aggression oder Schuldgefühle, depressive Verstimmungen, das Wiederkäuen (=Grübelzwang) frischer oder älterer Verletzungen (Kränkungen, unterdrückte Wut, Missachtung oder Vernachlässigung) nagen an unserem Gedankenfluss.

„Teufelskreise" als Schlafräuber

Schließlich drehen wir uns mit unseren flüchtenden Gedanken im Kreis, die – kaum aufgetaucht – wieder von den nächsten, so „logisch" empfundenen Konsequenzen aus dem Karussell unseres empfindlichen Bewusstseins gedrängt werden. „Teufelskreise" rauben uns auch noch den letzten Schlaf!

Und besonders den ersten vor Mitternacht – den wir bräuchten, um am nächsten Tag diesen vielen, uns bedrängenden Fragen frisch ausgeschlafen begegnen zu können. Wir sind dann nicht zu beneiden, bedauern uns und kommen aus der depressiven Verstimmung nicht heraus …
Neue Nahrung für unsere Schlaflosigkeit am nächsten Abend …

Sicher: Gegen diese Teufelskreise flüchtender Gedanken, gegen zwanghaftes Grübeln und bleierne Bedrückung, die durch Sorgen und Nöte ausgelöste werden können, gibt es kein Patentrezept. Wer davon belastet ist, sehnt sich nach dem „bewusstlosen" Schlafbewusstsein, um nicht weiter Anspannung und Kummer spüren zu müssen. Nur mag er sich dieser Auflösung seines

Kummers nicht ernsthaft ergeben, weil er mit Verstand und analytischem Denken Antworten und Lösungen sucht.

Dennoch: Keine der vor dem schlaflosen Auge auftauchenden Konflikte und Sorgen können wirklich in dieser Minute, vor dem Einschlafen, gelöst oder ganz abgebaut werden! Daher gilt die überzeugte Maxime meines Großvaters, der als gesicherter Eisenbahnbeamter keinesfalls zu der existenzbedrohten schlaflosen Mehrheit seiner Zeit gehörte:

„Gute Nacht, Ihr Sorgen, lasst mich in Ruh' bis morgen."

Endloses, sich im Kreise drehendes Grübeln wird kaum auf eine andere Weise abgestellt werden können, es sei denn durch Medikamente, die die Schlafqualität fast immer erheblich verringern.

Da ist es schon besser, das Bewusstsein von Grübeln und Trauer weg auf die vielleicht noch verbliebenen Spannungen in Muskeln und Gelenken zu richten, diese wohltuende Empfindung dem nutzlosen Grübeln entgegenzustellen und so irgendwann wirklich eingeschlafen zu sein.

Das Wachbewusstsein wird durch das Schlafbewusstsein abgelöst, das nachweislich unsere Probleme und Fragestellungen bis hin zu nüchternen wissenschaftlichen Aufgaben löst: Viele träumten nachts im Schlaf schon die kleine und große Antwort, die sie am hellen Tage nicht gefunden
hatten …

Wer die Kette endlosen Grübelns durchschlägt, hat schon einen großen Schritt zum Einschlafen getan …

Neben diesen psychologischen Feinden des Einschlafens können uns **nervliche, neurologische Störungen** belästigen, die oft schon die Grenze zum Körperlichen (Somatischen) überschreiten

und daher in diesem Kapitel zuletzt genannt werden: Taubheits-
gefühle, Hitzewallungen oder Frösteln, unruhige Beine, ziehende
Schmerzen bis hin zum Juckreiz in den Armen und Beinen, der
ein „Loslassen" verhindert.

Wenn nicht neurologische Krankheitsbilder auslösend sind (die
schon zu unserer Beruhigung ärztlich abgeklärt und behandelt
werden müssen), spielt oft der Stoffwechsel verrückt, vor allem im
Körperstamm und in den großen Gelenken.

Der „Bauch" stört unser Einschlafen oft mehr als der Kopf!

Der Bauch

„Biologische" Wege zum guten Schlaf

Das über viele Millionen Jahre entwickelte Nervensystem des Menschen hat schon in frühen Ausprägungen eine Hilfe entwickelt, uns an die Gegensätze von Tagesaktivität und Nachtruhe zu gewöhnen: den **Tag-Nacht-Rhythmus**. Er steuert die Biologie unseres Alltags; er stellt die volle Aktivität zu (hellen) Tageszeiten zur Verfügung und hilft uns, Entspannung und Regeneration in (dunklen) nächtlichen Ruhezeiten zu erlangen.

Dieses System ist so stark, dass wir es uns nicht einmal abtrainieren könnten, selbst wenn wir intensiv versuchen, es auf den Kopf zu stellen.

Viele **Hormon-Regulatoren** spielen eine Rolle; für den Schlaf steht das **Melatonin** im Vordergrund. In seinem natürlichen Rhythmus wird es in großer Menge in den Nachtstunden, speziell zwischen 22 und 24 Uhr abends in den Blutkreislauf abgegeben. Um circa 5 Uhr morgens fällt es auf einen niedrigen Pegel zurück, der über den Tag erhalten bleibt.

Neben der Wirkung auf den Schlaf-Wach-Rhythmus hat es eine wundervolle Wirkung, deretwegen wir seine natürliche Ausschüttung im Körper regelmäßig stimulieren sollten: Es stimuliert die Ausschüttung des sogenannten Wachstumshormons, und dieses wiederum ist das Königshormon für jugendliche Ausstrahlung (Zunahme der Muskelmasse, straffes und ebenmäßiges Hautbild, reaktionsschnelle Bewegungen, erhöhte Konzentrations- und Denkfähigkeit).

Warum nehmen wir nicht einfach Wachstumshormon als Pille ein oder bekommen es als Spritze injiziert? Weil es über den Magen-

Darm-Kanal nicht in wirksamen Mengen aufgenommen wird (Vorsicht Internetwerbung) und die Spritzenbehandlung mit hohen Risiken verbunden ist: sie muss täglich bis wöchentlich durchgeführt werden und erhöht deutlich das Krebsrisiko der behandelten Patienten. Also ein Weg, für den sich eigentlich kein Mensch entscheiden sollte.

Glücklicherweise gibt es für jeden Menschen die Möglichkeit, die **natürliche Melatonin-Ausscheidung** in den Blutkreislauf - und damit auch die Wachstumshormonausschüttung in den Stoffwechsel - zu erhöhen, dazu noch auf natürlichste Weise:

Nach 5 Uhr nachmittags, wenn das Melatonin bis Mitternacht langsam ansteigt, nichts mehr zu essen und keine nährstoffhaltigen oder alkoholhaltigen Getränke mehr zu sich zu nehmen. Strikt. Keine Ausnahme.

Wie viel *Bonus* gewinnen Sie durch diese Zurückhaltung mit dem Essen und Trinken nach 17 Uhr? Für unser Thema am wichtigsten: **Das Einschlafen wird deutlich erleichtert!**

Denn das Melatonin lässt uns leichter vom Wach- ins Schlafbewusstsein hinübergleiten. Sie können sich davon sogar überzeugen: Das *Melatonin* kann nämlich als Kapsel geschluckt durchaus in dem Körper aufgenommen werden. Dann wird es allerdings rasch abgebaut, binnen circa 90 bis 120 Minuten ist das über den Magen aufgenommene Melatonin nur noch in Spuren im Blutkreislauf nachweisbar (so stört es unsere Wachsamkeit nicht am nächsten Morgen).

In dieser Zeit erleben wir einen **erquickenden Schlaf**, dessen Schlaftiefe messbar zunimmt. Daher wurde es zunächst (und heute immer noch) für interkontinental Reisende zur Linderung der körperlichen und nervlichen Beschwerden durch die Zeitverschiebung empfohlen. Für diese Menschen muss sich die Tag-Nacht-Rhythmik an den neuen Aufenthaltsort anpassen.

Viele Urlaubsreisende haben schon erfahren, dass der Schlaf nach einem Langstreckenflug, wenn (bildlich gesprochen) die Sonne viel früher oder viel später als gewohnt untergeht, der Schlaf also unsere normale tagesaktive Phase trifft, wenig erholsam und erfrischend ist.

Die Erfahrung dessen ist heute fast schon Allgemeinwissen. Im Umkehrschluss auf unser häusliches Bett angewandt (das uns meistens doch am liebsten ist, weil wir uns so sehr daran gewöhnt haben, denn unser Körper hat sich „atmosphärisch" darauf eingestellt), können wir gerade dort unseren Schlaf auf natürlichste Weise verbessern, wenn wir die Melatoninausschüttung zur rechten Zeit fördern.

Denn hier trifft sie uns punktgenau in unserer gewohnten, ganz eigenen Tages-Nacht-Rhythmik. (Urlaube sind daher von der Schlafqualität oftmals nicht so erholsam, wie wir es wünschen.)

Verdauungssysteme nicht belasten

Verbessertes Einschlafen und erhöhte Schlafqualität erreichen wir offenbar dadurch, dass wir unser Verdauungssystem abends nicht mehr belasten (eine der guten „inneren Voraussetzungen", siehe Seite 22) für die gute Nachtruhe.

Eiweißreiches Fleisch wird bis zu sechs Stunden im Magen für die Darmpassage vorbereitet: Spät abends genossen kann es daher erst am Morgen zur Aufnahme in den Körper gelangen, wenn wir aufstehen und auf den Tagesrhythmus gepolt werden.

(Keine Garantie übrigens, die Aufnahme in die Fettpölsterchen zu hemmen: Spaghetti, Kuchen oder Süßigkeiten abends finden ihren Weg besonders gut auf die Hüften, weil die Energie, die sie uns eigentlich am Tage liefern soll, nachts nicht in dem Maße gebraucht wird! Also Vorsicht!)

Daher sollten uns wir an solchen Tagen, an denen wir die letzte Mahlzeit vor 17 Uhr essen, abends zu keinen zuckerhaltigen oder anderweitig nährstoffreichen Getränken verleiten lassen (auch die „kleine Bombe" Cocktail ist tabu!).

Melatonin, Wachstumshormon & Co. reagieren leider auch ganz empfindlich auf einen unliebsamen Energielieferanten: **Alkohol.** Schon das Glas Wein oder Bier, ganz zu schweigen vom Schnaps, löschen die durch den abendlichen Essensverzicht erhöhte Melatoninausscheidung komplett aus.

Ein Glas Wein am Abend nach einem Tag, an dem Sie so heroisch auf überflüssige Kalorien verzichtet haben, ist also höchst kontraproduktiv (obwohl italienische Forscher es 2006 aus der Schale weißer Trauben isolierten). Sparen Sie es sich für andere Abende, vielleicht in geselliger Runde bei gutem Essen auf.

Wenn Sie an solchen Abenden des Essensverzichts (**„Dinner-Cancelling"**) Durst bekommen (und das werden Sie!), trinken Sie ungesüßten Kräutertee oder kohlensäurefreies „stilles" Mineralwasser und zwar nicht zu wenig. Sie helfen Ihrem Körper, über Nacht an anderen Tagen aufgenommene Schlacken abzubauen und gleichen so auch nachhaltig Ihren Säure-Basen-Haushalt aus. Hierzu gibt es viel gute Literatur (vgl. Literaturverzeichnis).

Stoffwechselprobleme und Verdauungsschwächen, Leber-, Gallen- und Bauchspeicheldrüsenstörungen stören den Schlaf unmerklicher. Auch sie haben einen mehr oder minder stark ausgeprägten Tag-Nacht-Rhythmus, der uns gesundheitliche Frische und Wohlbefinden schenkt, wenn wir ihn fördern. Falls Sie einen Verdacht haben auf solche Verdauungsstörungen haben (Stuhlunregelmäßigkeiten, Völlegefühl, Blähungen, unrhythmischer Herzschlag), sollten Sie sich die Zeit nehmen, sie ärztlich abklären zu lassen.

Noch weniger bemerkt, aber oft über lange Zeit stören andere **Stoffwechselschwächen** unseren Schlaf:

Besonders

- *Milchzuckerunverträglichkeit* (Laktoseintoleranz),
- *Fruchtzuckerunverträglichkeit* (Fructoseintoleranz)
- *Traubenzuckerunverträglichkeit* (Glucoseintoleranz),
- *Unverträglichkeit von biogenen Aminen* wie Histamin, Serotonin und anderen (DAO-Mangel, Desaminooxidase-Mangel).

Mit dem Enzym **Desaminooxydase** werden Kreislauf und Nerven anregende biogene Amine aus Rotwein und Weißwein, verschiedenen Käsesorten, speziell Weichkäse, geräuchertem Fleisch und geräuchertem Fisch über kurze Zeit abgebaut, sodass sie im Körper nicht das anregende „Feuer" entfachen können.

Histamin ist der wichtigste Entzündungs-Botenstoff. Viele Menschen leiden seit der Kindheit unter verminderter Aktivität der Desaminooxydase und erinnern sich gut an aufsteigende Röte und Hitzegefühl des gesamten Körpers, nesselsuchtartigen Juckreiz bis hin zu Quaddelausschlag wie nach Brennnesselkontakt.

Bis vor wenigen Jahren mussten Patienten mit den sehr störenden Beschwerden dieser unbekannten Stoffwechselstörung leben und einfach ausprobieren, was ihnen gut bekam. Schmerzmittel wie Aspirin oder auch höhere Dosen Vitamin C halfen die biogenen Amine abzubauen; der Siegeszug des Aspirin seit hundert Jahren ist vielleicht auch dem mäßig wirksamen Histaminabbau bei klopfendem Kopfschmerz durch DAO-Mangel zuzuschreiben.

Dieser Mangel kann bei entsprechender Symptomatik auch im Blut nachgewiesen werden; therapeutisch steht die *Desaminooxydase in Kapseln* zur Verfügung, die Kopfschmerzen und Schlafstörungen nach dem guten Abendessen oder der Weinprobe vorbeugen. Eine halbe Stunde zuvor eingenommen und alle zwei Stunden wiederholt, helfen sie, die Störungen des Einschlafens durch raschen Herzschlag, gar Herzrasen oder Blutdrucksteigerung, zu lindern.

Die **Zuckerunverträglichkeiten** stören das Einschlafen vom Bauch her: Völlegefühl, Blähungen bis hin zu einem trommelartig luftgefüllten Bauch behindern Körperlage und Atmung beim Einschlafen. Sie dauern erheblich länger, oft mehrere Tage, und flauen nur langsam ab, ehe sie sich langsam bessern!

Die Diagnose wird durch Belastungstests mit den verschiedenen Zuckerarten bestätigt. Bei positivem Nachweis eines Laktoseintoleranz kann die Lactase, das fehlende den Milchzucker spaltende Enzym, mit sehr gutem Erfolg vor den Mahlzeiten eingenommen werden. Viele Tipps bei Lactoseunverträglichkeit können Sie in interessanten Ratgebern nachlesen.

Die Möglichkeit, Milchzucker (Lactose) aufzunehmen, hat sich der Mensch offenbar dadurch erworben, dass er über viele Generationen Milchzucker zu sich genommen hat und die Fähigkeit zur Spaltung und Aufnahme von Milchzucker langsam entwickelt haben muss. Katzen zum Beispiel können Milchzucker ebenfalls nicht verdauen, weshalb sie Kuhmilch nur in kleinsten Mengen bekommen sollten. Normal ist innerhalb des Säugetierreichs wohl eher die Lactoseunverträglichkeit als die Fähigkeit zu Spaltung und Verdauung.

3. Drei einfache Schritte zum sicheren Einschlafen

Für mehr als 95 % der Menschen sind diese Regeln erfolgreich anzuwenden. Etwa 5 % der Menschen können die Entspannung nicht selbst einleiten, obwohl sie natürlich so gut oder eben so schlecht wie alle anderen schlafen. Die Ursache ist nicht geklärt, es liegt auch keine körperliche oder psychologische Störung zugrunde. Es sind Menschen, die auch andere Techniken des Entspannens nicht lernen können. Sprechen Sie auch in diesem Fall mit Ihrem Arzt.

Wer regelmäßig die drei klaren Regeln anwendet, verspürt vielleicht auch Erleichterung bei anderen körperlichen, nervlichen oder psychologischen Problemen.

Dann belohnt Sie der Trainingseffekt: Sie erinnern die drei Regeln, legen Arme und Beine so, dass sie nicht aufeinanderliegen, strecken sich hier und da in die Entspannung in „fallfreier Lage", richten den Blick nach innen und erinnern beim Erwachen nur, dass Sie darüber eingeschlafen sind ... Vielleicht bemerken auch Sie selbst, Ihre Freunde oder Kollegen eine jugendlichere, frischere Ausstrahlung, eine Zunahme Ihrer Kraft, Ihres Konzentrationsvermögens, Ihrer Präsenz oder besseres Durchhaltevermögen. Sie mögen Veränderungen bemerken, sie sind aber nicht das Ziel:

Sie sollen nur einfach immer gut einschlafen ...

4 Zehn Fragen an den Schlaf

1. Was ist „Schlafen"?

Über einige Stunden ruhig in der Horizontale zu liegen, gelegentlich die Körperlage zu verändern, abgelöst von der Außenwelt? In den Ableitungen der Hirnströme, der Augenbewegungen und der Willkürmuskulatur eine Folge besonderer Wellenmuster zu durchlaufen?

Der Schlaf ist **medizinisch** zunächst ein Zustand gedrosselter Aktivität. Für den Körper ist Schlafen einerseits mit verminderter Herz- und Atemarbeit, niedrigerer Körpertemperatur, besonderer Muskelentspannung im Bauch andererseits auch mit Verdauung der Nahrung, also Erholung und Aufbauarbeit, verbunden. Magen und Darm heilen (oder leiden) in der Nacht!

Zu häufig verharrt unser Blick immer wieder auf dem reglos Schlafenden, anstatt sich des aktiven Wechsels von Abbau und Zerlegung aufgenommener Nahrung in Einzelstoffe im Dünndarm bewusst zu werden; der Körper erscheint unbewegt, aber die Organe leisten viel. Die Bauchorgane sind aktiv, die Hautzellen regenerieren sich, in Leber und Immunsystem werden zahlreiche, ganz „individuelle" Körpersubstanzen gebildet.

Von einem **biologisch-philosophischen** Standpunkt aus betrachtet arbeitet unser Organismus nachts an seiner somatischen (körperbezogenen) Einzigartigkeit („Individualität"): er bildet eine Vielzahl ganz individueller Körpersubstanzen bis hin zu den Hormonen, den Neuro-Überträgerstoffen und dem Chromosomenapparat in den Zellen.

Gerade die Immunsubstanzen, die stoffliche „Angriffe" aus unserer Umgebung, d.h. der ganzen natürlichen und der modernen chemisch-physikalisch veränderten Welt abwehren, sind von Mensch zu Mensch unterschiedlich und für uns alle „individuell" unterscheidbar geprägt.

Halten wir uns diese Aktivität während des „friedlichen" Schlafens vor Augen, können wir vielleicht eher die Leistung unseres so unerforschten Schlafes umso mehr würdigen, dieses „kleinen Todes" den wir so leicht als „der Welt abgewandt", untätig, gar unproduktiv, manchmal wie verlorene Zeit ansehen, sodass wir dem Schlaf allzu bereit immer noch ein Stündchen abknöpfen, um uns im Wachen mit der Welt zu beschäftigen.

Dabei gehört doch ein frisches, erholtes Erwachen an einem guten Morgen zu den schönsten Lebensmomenten!

Der äußerlich reglos entspannt Schlafende „arbeitet" in seinem Stoffwechsel intensiv an der Herstellung ganz einzigartiger, individueller Körpersubstanzen.

---

2. Wie entsteht Schlaf?

Passiv oder aktiv? Schaltet das Gehirn das Wachen einfach ab oder muss es den Schlaf aktiv herbeiführen?

Das Gehirn, soviel ist gesichert, schläft nie! Wachen und Schlafen unterscheiden sich hauptsächlich durch die Aktivitätsimpulse der Nervenzellen, durch das sensible Gleichgewicht hemmender und aktivierender Nervenimpulse.

Einzelne Botenstoffe (Überträger von elektrischen Impulsen zwischen den Nervenzellen; „Neurotransmitter") vor allem in den tiefen Gehirnschichten des Zwischenhirns werden beim Schlafenden in größeren oder kleineren Mengen produziert, sodass sie in reizweiterleitender Konzentration an den Nervenendigungen, den Synapsen vorhanden sind, die die Milliarden Nervenzellen miteinander verbinden.

Im Experiment lassen sich über elektrische oder chemische Stimulation verschiedene Schlafformen (Tiefschlaf, REM-Schlaf [Zyklen mit raschen Augenbewegungen]) tierexperimentell auslösen oder bei bestimmten Nervenerkrankungen beobachten.

Die Auslösung und Aufrechterhaltung verschiedener Schlafstadien ist offenbar ein aktiver Gehirnvorgang!

2. Wie läuft ein Nachtschlaf ab? Was beeinflusst ihn?

Unser nächtliches **Schlafprofil** lässt sich in der Regel in *vier Schlafzyklen* gliedern, die jeweils zwischen einer Stunde (anfangs) und zweieinhalb Stunden (gen Morgen) dauern.

Vier Schlaftiefen wechseln sich dabei ab: Die erste Phase des Einschlafens (hohe Muskelaktivität, auch Muskelzuckungen, pendelnde Augenbewegungen), die zweite Phase des Einschlafens (abnehmende Muskelaktivität, ruhige Augen), und die beiden Tiefschlafphasen (niedrige Muskelanspannung, bewegungslose Augen).

Tief und erholsam schlafen wir nur in den ersten zweieinhalb Nachtstunden! Und wir wachen nur dann, wenn die Tiefschlafphasen ungestört ablaufen konnten, aus dem eher oberflächlichen Schlaf gen Morgen ausgeruht auf. Alle vier Schlafphasen werden von REM-Schlafphasen mit raschen Augenbewegungen, aber weitgehender Abnahme der Muskelspannung unterbrochen, die gen Morgen häufiger auftreten und länger dauern. Dann wird unser Schlaf „leichter", Träume werden am Morgen eher erinnert.

Auch kurze Wachphasen, an die wir uns morgens aber nicht erinnern, treten in jeder Nacht auf.

Die Zeiten des Tiefschlafs bleiben lebenslang fast unverändert. Der REM-Schlaf nimmt gegenüber den Wachzeiten im Alter deutlich ab, sodass wir dann häufiger weniger Schlaf brauchen, ihn aber gerade besonders pflegen müssen (siehe 5. und 6.).

---

3. Welche Schlaftypen gibt es?
Wann bin ich ausgeschlafen?
Wie werden Schlafdauer und Schlaftyp reguliert?

Die meisten Menschen (Normalschläfer) schlafen zwischen acht und neun Stunden, jeweils etwas kleinere Gruppen brauchen sieben bis acht bzw. sechs bis sieben Stunden. Nur 0,5 % der Menschen schlafen vier bis fünf Stunden oder weniger, auch Langschläfer über zehn Stunden sind selten. Exrem selten, aber wissenschaftlich bestätigt, sind Menschen, die nur ein bis drei Stunden pro Nacht schlafen. Sie sind keineswegs unglücklich darüber und geistig oft sehr aktiv.

Jeder Mensch hat ein **Schlafkonto (Schlafhomöostase)**; bekommt er zu wenig Schlaf, kann er ihn beim nächsten Einschlafen durch einen tiefen Erholungsschlaf, der gewöhnlich eher verkürzt, zumindest nicht verlängert ist, nachholen.

Wenn ich tags „vorschlafe", so verringert sich in der Regel der Nachtschlaf um diese (Tiefschlaf-)Zeit. Die tägliche Schlafdauer und –tiefe wird durch den Tag-Nacht-Rhythmus und durch den **Schlafdruck** festgelegt, der im 16- bis 18-stündigen individuellen Wachzustand langsam zunimmt. Dieser zunehmende „Schlafdruck" fordert uns abends mit immer stärkerem Nachdruck (Müdigkeit) zum Schlafengehen auf.

Wenn ich mich zur rechten Zeit (d.h.: großer Schlafdruck zu meiner gewohnten Zubettgehzeit) schlafen lege, habe ich die größte Chance auf einen erholsamen Nachtschlaf, aus dem ich ausgeruht aufwache.

---

5. **Was kann ich noch für einen guten Schlaf tun?**
Wie schaffe ich mir einen guten Nachtschlaf?

- Möglichst immer zur gleichen Zeit schlafen legen.

- Die für mich richtige Schlafdauer kennen und sichern.

- Für einen dunklen, gut gelüfteten, aufgeräumten und möglichst ruhigen Schlafraum sorgen.

- Sich ein Nickerchen tagsüber nur erlauben, wenn der Nachtschlaf ungestört, das heißt, gut und erholsam ist.

- Jeden Abend das gleiche, entspannte und ruhige Ritual des „Abschaltens" einrichten, keine anspruchsvolle Tätigkeit mindestens drei Stunden vor dem Einschlafen ausführen.

- Die eigene Reaktion auf Kaffee (nicht nach 15 Uhr?) und Alkohol (je später und mehr getrunken, desto schlechter wird geschlafen) einschätzen und berücksichtigen.

Guter Schlaf braucht soviel Regelmäßigkeit wie möglich!

6. Wie begegne ich sehr schlechtem Schlaf über längere Zeit?

- Nur zu Bett gehen, wenn ich mich wirklich müde fühle.

- Immer zur selben Zeit morgens aufstehen.

- Wenn ich nachts nach einer Viertelstunde nicht mehr (ein-)schlafen kann, aufstehen und ruhig lesen, bis ich mich wirklich wieder müde fühle.

- Die Wirkung von Alkohol, Kaffee, Nikotin und Medikamenten besonders bewusst wahrnehmen und die Zufuhr bewusst steuern.

- Die drei Regeln für gutes Einschlafen besonders intensiv„trainieren", bis sie sich regelmäßig wie von selbst einstellen.

- Andere Entspannungstechniken bis hin zu Yoga, Atemkonzentration und Meditation können sehr helfen!

- Störende Gedankenflüchte so beherzt wie möglich ausschalten (auch mit Yoga, Meditation oder Autogenem Training).

Kontrolle von anregenden Stimulanzien und eigene Entspannungsmethoden können auch bei chronischer Schlaflosigkeit gut helfen!

7. Verändert sich der Schlaf mit zunehmendem Alter?

Typischer Tiefschlaf mit langsamwelligen Hirnströmen (Alphawellen) wird im Alter weniger, ohne dass die anderen Möglichkeiten abnehmen, schlechten Schlaf in der nächsten Nacht durch einen entsprechenden Erholungsschlaf auszugleichen! Keine Angst! Nachtschlaf hat mit den Jahren oft (wie in der Kindheit) viel mehr „Phasen", die sich öfter abwechseln. **Der gute Schlaf ist vielleicht kürzer, aber genauso erholsam.**

Halten Sie sich nicht an *alten Schlafmustern* fest! Viele Erkrankungen und Medikamente können den Schlaf im Alter stören: Sprechen Sie deutlich und intensiv mit Ihrem Arzt darüber! Im Schlaflabor werden heute wenig beachtete Schlafstörungen mit Atem- oder Herzsymptomen festgestellt, die gut behandelbar sind! Auch Schnarchen (durch Erschlaffung der Halsmuskulatur) kann gelindert werden, z.B. durch Muskeltraining.

Der gute Schlaf im Alter ist vielleicht kürzer, aber genauso erholsam. Halten Sie nicht an alten Schlafmustern fest!

---

8.   Was bedeuten Träume?
Kann ich im Schlaf lernen?

Die erinnerten Träume sind nur kleinste Ausschnitte des gesamten „Traumfilms", die wir bewusst erinnern; wir träumen ununterbrochen die ganze Nacht, meist banale und uninteressante, mehr negative als positive Inhalte. Versagen und Unglück, auch Aggressionen sind viel häufiger als Zufriedenheit und Freude.

Die Bilder unserer Träume drängen sich meist zwingend auf, Raum und Zeit werden unschärfer, werden weniger deutlich wahrgenommen und das Geschehen läuft wie abgeschirmt in eine Richtung. Bis auf wenige Momente ist unsere eigene Haltung zu den Träumen eher distanziert und nüchtern, als seien wir gezwungen, das Traumgeschehen wie ein neutraler Beobachter zu verfolgen.

Sinn oder *Bedeutung* des *Träumens* sind immer noch gänzlich unbewiesen; das Gehirn schläft allerdings nie, deshalb vermutet die moderne Neurowissenschaft, dass Aktivitäten unseres Gehirns auf ihre eigene, für uns nicht sinn-erschließbare Weise „abgearbeitet" werden.

Ähnlich wenig wissen wir sicher, ob Schlaf die Lern-(und Gedächtnis-)Vorgänge fördert. Aktiv löst er keine Rechenaufgaben, selbst wenn wir das Mathematikbuch in der Nacht unter das Kopfkissen legen. Die aktuelle Neuroforschung legt nahe, dass wir im Schlaf „unbewusst" *Lösungen unserer aktuellen Konflikte* „angeboten" bekommen und unsere komplexe ureigene „Person" weiterentwickeln.

Zu vermuten ist, dass die eigengesetzliche Aktivität unseres Nervensystems im Schlaf (in Verbindung mit dem ganzen Körper) die wirksamste Grundlage für seine Erholung im Schlaf und neue Schaffenskraft nach dem Erwachen ist!

Zwingend benötigen wir daher den unbewussten nächtlichen Strom unserer Hirnaktivitäten um unsere Tages-Leistungen von banalen alltäglichen Verrichtungen bis hin zu kniffligen gedanklichen Problemen zu vollbringen und Freude und Lust zu spüren.

Guter Schlaf fördert die Hirnleistungen am nächsten Tage eher durch Verminderung von Störeinflüssen in der Aus-Zeit des Schlafens als durch aktive Lern- oder Erinnerungsleistungen.

48

9.   Kann ich vorschlafen oder Schlaf nachholen?

Tag-Nacht-Wechsel und vorausgegangene Wachzeit erzeugen ständig einen bestimmten **Schlafdruck**, dem wir schließlich nach einer für jeden Menschen eigens festgelegten Wachzeit von ca. 16 bis 19 Stunden nachgeben und uns zum Schlafen legen müssen. Wenn wir im Tagesschlaf ein gewisses Maß Tiefschlaf absolvieren, brauchen wir ihn im Nachtschlaf nicht nachzuholen.

Bleiben wir (zum Beispiel durch einen Langstreckenflug) länger wach (bis zu 12 Stunden), ist der folgende Erholungsschlaf nicht länger, sondern eher kürzer, aber erholsamer durch längeren erquickenden Tiefschlaf-Anteil.

Erst bei noch längerer Wachzeit über 12 Stunden nimmt die Schlafdauer mit der Schlaftiefe kompensatorisch zu, da wir aus der gewohnten Wechselwirkung zwischen dem Tag-Nacht-Rhythmus und unserer eigenen normalen „Wachzeit" herausgefallen sind.

Kurzschläfer können mit den Verschiebungen daher besser zurechtkommen als Langschläfer.

---

10. Was bewirken Alkohol oder Nikotin, Schlafmittel und Medikamente?

Alkohol verbessert zwar für Viele das Einschlafen, die erholsamen Tiefschlafphasen sind aber eher verkürzt, der Schlaf flacher und besonders gen Morgen durch Wachphasen gestört.
Unter Alkohol, besonders in größerer Menge, ist ein erholsamer Schlaf, auch durch verminderte Ausschüttung des Schlafhormons Melatonin und deshalb des Wachstumshormons HGH, unwahrscheinlich. Ein Glas Wein mittags oder der Portwein am Nachmittag stören einen guten Nachtschlaf in der Regel nicht.

Alle **Schlafmittel** verändern die Schlafphasen und die Erholsamkeit des Schlafes. Sie dürfen daher nur kurzzeitig, nur bei starkem seelischen Stress oder psychischer Belastung eingesetzt werden.

Bei körperlicher Belastung greifen Viele zum **Koffein** in Kaffee, Cola(-Nuss), Tee oder Mateblättern: Ihr Gehirn wird dadurch „aktiviert", da das Koffein hemmende Impulse durch Adenosin ausschaltet. Zu vieles und zu häufiges Kaffeetrinken stören: wir schlafen langsamer ein, schlafen oberflächlicher und sind anfällig für Schlafstörungen, besonders des erholsamen langsamwelligen Tiefschlafs!

Viele **Medikamente** beeinflussen den Schlaf auf verschiedene Weise. Lesen Sie den Beipackzettel und besprechen Sie das Ausmaß möglicher Schlafstörungen auch mit Ihrem Arzt (weil sie oft verschiedene Organsysteme betreffen).

Alkohol und Schlafmittel sind ungenügende Helfer, oft stören sie die Schlaferholung sogar.

V Literatur

Backhaus, J., Riemann, D.: Schlafstörungen, Göttingen 1999

Clarenbach, P. (Hrsg.): Schering Lexikon Schlafmedizin, 2. Aufl., München 1998

Crisand, E., Lyon, U., Schinagl, G.: Anti-Stress-Training, 4. Aufl., Frankfurt/Main 2009

Dahlke, R.: Schlaf, München 2005

Fauteck, J.-D., Kusztrich, I.: Leben mit der inneren Uhr: Wie die Chronobiologie unsere Gesundheit, Wirtschaft und Gesellschaft beeinflusst, Berlin 2006

Frings, G., Liebke, R.: Forever Beauty, Hamburg, 2004

Fritzsche, D.: Laktose-Intoleranz, München 2009

Fritzsche, D.: Nahrungsmittel-Intoleranzen: Beschwerdefrei genießen, München 2009

Ern, G., Fischbach, R.D.: Gesunder schlaf: Endlich wieder gut schlafen, Hannover 2008

Kleine-Gunk, B.: Resveratrol - Länger jung mit Rotwein-Medizin, Stuttgart 2006

Klentze, M.: Anti-Aging - Die Macht der eigenen Hormone, München 2003

Lavie, P.: Die wundersame Welt des Schlafes, München 1999

Paas, D.: Das Laktose-Intoleranz Buch, Münster 2007

Peter, H., Penzel, Th., Peter, J.H. (Hrsg.): Enzyklopädie der Schlafmedizin, Berlin 2007

Roggen, B.R.: Melatonin, ein Schlüsselhormon, Rotkreuz 2007

Rossbach, G.: Endlich wieder gut schlafen, Frankfurt 2010

Schulz, S., Haufs, A.: Schlafstörungen, München 2006

Spork, P.: Das Schlafbuch, Reinbek 2007

Wüster.C., Allolio,B., Bidlingmaier M., Brabant, G.: Wachstumshormon (hGH), Bremen 2001

Zulley, J.: Mein Buch vom guten Schlaf, München 2010

Stichwortverzeichnis

Dr. Günter Frings, geb. 1952, lebt und arbeitet als Arzt und Autor seit vielen Jahren in Hamburg. Zusammen mit Rita Liebke erschienen:

„Forever Beauty – der dermatologische Weg zur gesunden, schönen Haut" (Hamburg 2004;ISBN 9783000139974)

„Weg-Los, Nachdenklich Reisen" Text Rita Liebke, Fotos Günter Frings   (Frankfurt 2009;ISBN 9783898465557)